真宗教育シリーズ7

仏教と人間教育
そして真宗

木越　康

真宗文庫

目次

凡　例

・本文中の「聖典」とは、東本願寺出版（真宗大谷派宗務所出版部）発行の『真宗聖典』を指します。

・その他の引用文の典拠は次のとおりです。

「ダンマ・パダ」…中村元訳『ブッダの真理のことば　感興のことば』（岩波文庫）

「スッタ・ニパータ」…中村元訳『ブッダのことば』（岩波文庫）

はじめに

大谷大学の木越《きごし》と申します。今回は「仏教と人間教育、そして真宗」ということで、現代の教育機関において、仏教あるいは真宗を教育するとはどういうことかを主題にお話していきます。意味があるのかないのか、必要なのか不要なのか。宗教教育というものについて、仏教と真宗という二つの視点から順を追って確かめていきたいと思います。

多くの私立の学校では、それぞれ独自に宗教教育がなされています。さまざまな宗教団体が母体《ぼたい》となって学校が運営されるケースが多いので、各運営母体の宗教思想がそのまま理念《りねん》教育に強く反映されますね。私が所属する大谷大学もそうです。仏教、なかでも特に親鸞聖人《しんらんしょうにん》の思想、真宗の教えが背景となっています。

仏教の学校だということと、真宗の学校だということとは少し別の責任や強調点があります。ですからここは一旦《いったん》仏教と真宗を分けて考えます。大谷大学の学生たちは、特に寺院関係者ということではなく、ほとんどが仏教と縁を持たない一般の若者たちです。ですから、そのような人たちに仏教、そして真宗の教えを伝えることがどのような意味を持つのか、何が期待されるのかを尋ねていきたいと思います。

仏教的メッセージと「Be Real」

さてまず、一般の教育界では、「宗教」や「仏教」は、どのようにイメージされているでしょうか。残念ながら、あまりプラスに考えられることはないかもしれませんね。大谷大学の広報現場でも、機が熟すことが大切だと考えますので、場面によってはことさらに仏教や真宗を強調しません。例えば高校生や保護者向けに開かれるオープンキャンパスでは、宗教の大学であること、仏教の大学であることを話すことはありません。講堂にはもちろん中央にご本尊《ほんぞん》がありますが、それもスクリーンの後ろにしまってあります。まあこれは隠しているというより、大きなスクリーンを使用するので見えなくなっているということですが。もちろんホームページや大学案内などには、宗教系の大学、特に仏教の大学であることは謳《うた》われていますし、入学式もご本尊の前で宣誓署名《せんせいしょめい》の式を行います。しかし例えばオープンキャンパスの場面では、そのような理念を直接的に強調することはありません。

それでは仏教や親鸞聖人に対して、あるいは志願者に対して不誠実ではないかと思われる方もおられるでしょう。しかし、私はそのようには考えていません。やはり「宗教」や「仏教」、あるいは「浄土真宗」はとても大切であり、今日お話しするように、それらに基づく教育というものは現代の若い世代にとっては必須だということは確信しています。ブッダの思想も伝えたいし、親鸞聖人の課題を共有してもらうべきだとも考えています。ただそれと同じほどに大切なのは、仏教をいつ、どのようなかたちで、誰が伝えるかということだと思っています。これが、伝えたい内容や考えてほしい課題と同じほど、教育現場では大切なことだと思います。

ですから志願者に対して突然「本校は仏教の大学です」「建学の理念は親鸞思想です」と主張することは、そのような大切な機会や場を失ってしまうことになるのだと考えています。仏教や宗教は、ある程度の信頼の中で、場を通して伝えられ、聞かれ、考えられ、学びが深められていくものでしょう。そのような場を失わないために、教育理念を伝えるタイミングは、大切にしたいと思っています。

一般の若者が仏教にふれる機会は、葬儀や法事の時に限られるのが今の時代でしょう。ですから、「本校は仏教の学校だ」ということは、言葉は悪いですが、相手を脅《おど》かすような意味も残念ながらもってしまうわけです。「本校は宗教心を養《やしな》いたいと思っている」と冒頭に伝えることも同じでしょうか。何かに入信させられると感じて距離を置かれるという、不幸を招きかねません。

ただ、それでは仏教に基づく教育理念を志願者や保護者の方々にまったく伝えないのかというと、もちろんそうではありません。矛盾するようですが、それでも仏教を柱とする理念をきちんと伝えなければならないと思っています。そこで現在大谷大学では、仏教的理念や精神を、別の言葉で表現しています。一見仏教の思想だとは理解はされない言葉でもって仏教精神を表現し、伝えるようにしています。それが「Be Real　寄りそう知性」という言葉です。

「寄りそう知性」は、慈悲です。ちょっと理解しづらいのが「Be Real」の方でしょうか。「Real」は、今の高校生も「リア充」という言葉でよく使うようです。その時には「リアル＝現実」という意味になるでしょうか。しかしこの「リアル」という言葉は、仏教語の「真如《しんにょ》」とか「実相《じっそう》」を英訳する時にも実は用《もち》いられます。仏教的真理ですね。「真如」の「如」は「ごとし」と訓読みしますが、「そのまま」という意味を表します。「真如」はですから、「真にあるがままの如し」ということになります。これを別の言葉で「実相」とも言います。「ありのまま」や「真実」ですね。この仏教的真理を英訳する時に「Real」と表現するわけです。真理の世界ですね。あるがままの世界。それが「Real」と翻訳されるわけです。

ですから大学が現在掲《かか》げる「Be Real」というのは、実は二つの意味が込められているわけです。仏教的に言えば「真実であれ」、「あるがままの世界の受用」ですね。そして一般語としては「現実を見つめよ」ですね。眼の前に起こっている現実です。最終的にはその二つの意味をもつ「Real」に「Be」をつけて、「リアルたれ！」というメッセージを創《つく》って、大学の仏教精神を象徴するものとしたのです。これは、あるべき姿を求めるとともに、決して現実を見失わない態度であり、逆にまた、現実を大事にしながらそこに本来あるべき姿を求めるという態度を表します。これはもちろん仏教が大切にする精神ですが、ですからことさら「本校は仏教の大学です」と言わなくても、「学生、教職員ともに「Be Real」を大切にしています」と語れば、それで仏教的理念を語ることになるわけです。突然

「仏教」「真宗」という言葉によって生徒たちを脅かさなくてもいいわけです。

「宗教の学校」ということ

表現のことは以上にして、これから宗教系の大学、仏教の大学とは何かを考えましょう。そこでまず、そもそも大学なるものがどんな目的を持って成立しているのかということから確かめます。何のために「大学」があるのかです。そこから振り返って、宗教学校ということの特殊性を考えます。手掛《てが》かりはいくらかあるのでしょうが、一八八六（明治一九）年に公《こう》布《ふ》された「帝国大学令」から考えてみます。日本における最も古い大学の定義ということになるでしょうか。その条文には、大学なるものは「国家の須要《すよう》に応ずる学術技芸を教授《きょうじゅ》」するためにあるのだと、こうなっています。国家が全面的にバックアップしておりますし、国民教育の期待も込められていますので、当然そうなるでしょう。国家に有用な内容を教授することが、大きな目標になるわけです。

これが大正時代になると、教育機関がもう少し一般へと解放されていくことになります。日本の高等教育や大学制度は帝国大学からスタートしますが、それが民間へも広げられるわけですね。民間とは、つまり私立ということです。専門学校や宗門を母体とする教育機関の大学化が、これを契機《けいき》にはじまります。宗教関係では仏教系が多いと思いますが、そういうものが大学という新しいスタイルで教育活動を展開するようになるわけですね。その時の法令が一九一八（大正七）年に公布された「大学令」です。

基本的には、帝国大学令と同じで、「国家に須要なる学術の理論および応用を教授」すると謳われます。こういう感覚のなかで日本の高等教育機関がスタートするわけです。とにかく大学は、国家に須要なる学術理論を教授しなさいということになります。

当然と言えば当然なのかもしれませんが、おわかりのようにとても危険でもあります。特に私学としては、悩ましいところでもあるわけです。私学には私学としての理念があるはずで、それに則《のっと》った教育の指針も掲げられますが、教育機関の基本が「国家に須要なる学術の理論および応用」となると、国家があっちを向いたらみんなあっちを向かなければならなくなるわけです。左を向いたら左を向く、右を向いたら右を向く教育をしなくてはいけない。神道《しんとう》国家体制や国家全体が戦争に向かうと、それに歩調を合わせた教育活動の展開が期待されてしまうのです。これはとても危なくて、暴走する国家にブレーキをかける思想や技術が生まれなくなるわけです。国家の意向を推《お》し進めるために最高の教育機関が置かれてしまうと、それを誰も止められなくなるという問題が起こります。

今はもちろん帝国大学令や大学令の法令下にはありません。教育基本法では「民主的で文化的な国家を更《さら》に発展させるとともに、世界の平和と人類の福祉の向上に貢献《こうけん》する」となっています。いろんな反省も踏まえて、単純な「国家に須要なる学術」という言葉はありません。第一条では「教育は、人格の完成を目指し、平和で民主的な国家及び社会の形成者として必要な資質を備《そな》えた心身ともに健康な国民の育成を期して行われなければならない」ともあります。少しは国際的な感覚の中で、普遍的な表現にしていますね。しかしこれが現在の学校教育の基本だとしても、宗教の学校は、それぞれの思想や信仰理念が背景にあるわけですから、それがどのような独自の使命や目的をもつのかを確かめなければならないということになります。他の学校と異なって仏教、真宗の大学がどのような人間教育を大切にしたいと考えるのか、順に尋ねていきましょう。

仏教の教育

仏教と教育、そして真宗と教育について、これが何かを、次の三つの内容から順に確認していきたいと思います。

①自己自身の可能性に目覚めるとともに、その愚《おろ》かさと傲慢《ごうまん》さを知る

②他者と共に生きることの大切さを学ぶとともに、その実現の困難さを知る

③それでも人間の可能性に期待して、同朋《どうぼう》社会の顕現《けんげん》を目指して生きる

①は、「仏教教育とは何か」を基本的な仏教思想に基づいて考えた言葉です。②は、仏教思想をもう一歩推し進めて考えたところから出てくる言葉です。少し真宗的な発想に近づいているかとも思います。〝仲良く生きるべき〟ということは、みんな知っています。しかし、本当に私たちが学ばなければならないのは、その共生の実現がいかに困難なのか、そのことを疎外《そがい》する要因が実は私自身にあるのだということです。ですから、「他者と共に生きること」を学ぶとともに、それ以上に「その実現の困難さ」と「その原因」をよくよく知る、これが真宗教育の大切な視点となります。

そして最後の③は、困難だけれども、諦《あきら》めるわけにはいかないということです。共生や平和、他者理解への希望を、私たちは捨てるわけにはい

かないのです。異なる者同士、才能や出来ること、姿も形も異なるものが、共に尊重しながら生きていける社会の成立（同朋社会の顕現）は、とても難しいことです。しかし、その成立を私たちは、困難だからと言って諦めてはならない。それが大切な人間教育でしょう。難しいから弱者を排除し、優秀で強い者だけの社会を創っていきましょうというわけにはいかない。そういう道を選ぶわけにはいかない。この三点が、仏教、そして真宗を教育理念の底に据《す》える時に、欠くことのできない学びの視点だと考えます。

「縁起」の思想

はじめに掲げた、「①自己自身の可能性に目覚めるとともに、その愚かさと傲慢さを知る」から考えます。これは、ブッダの思想に基づいたものです。現在、たくさんのブッダの教えが経典として遺《のこ》されています。しかし、ブッダが何を説かれたのかということを突き詰めてみれば、実はそれほど多いものではないとも言えます。すべてを集約するポイントとなるような思想や言葉があります。その大きな要《かなめ》の一つが「縁起《えんぎ》」の思想です。

「縁起」は、現在でも使われるので、かえって理解しづらい言葉でもありますが、今日使われるものは、ほとんどが誤ったもの、もう少し言えば、ブッダの思想とは異なった意味で使われてしまっています。例えば「茶柱が立った、縁起がいい」とか、「○○と出くわしてしまったから今日は縁起が悪い」などです。これらは仏教の使われ方とはまったく違いますので、一度捨てなければなりません。

ではブッダは、縁起をどういう意味で説かれたのか。それは「すべてのものは縁によって生起する」ということです。難しいようですが、電気で例えればプラス極とマイナス極を合わせると、パッと火花が散ります。それをイメージしてもらえればいいでしょう。両極が出会えば火花がパシッと生起《しょうき》する。しかし、出会わなければ何も起こらない。皆さんもそれぞれがそれぞれの縁の中で、今現在にパッと生起しているわけです。こう言うと私の人生は火花のような儚《はかな》いものかと思われるかもしれませんが、実はそうで、あっという間に死は訪《おとず》れるでしょう。これまでの生命の長い歴史、宇宙史からすれば、私たちの生命は一瞬の火花でしょう。さまざまな背景があって、たまたま今この時代にパッと生起しているのが、今こここにいる私たちです。まあこのようなことが仏教思想の中にあるのですが、実はブッダは、縁起ということについては、もう少し複雑な内容として説いておられます。

私という存在も縁起でしょうが、ブッタは、私たちの周りにあるこの世界全体が縁起であると言うのです。「私が縁起なら、周囲の事態も縁起だということは当然だろう」と思われるかもしれませんが、そうではありません。縁起とは、周囲に事物が存在するというその存在そのものについて「縁によって生起する」というのではなく、もともとは「周囲にさまざまな物が存在している」というその「認識」が、実は「縁によって生起している」のだということを意味しています。端的に言えば、一人ひとりが世界を捉《とら》えているその認識は、実は縁によって生起するものであって、実体ではないし真理でもないのだということです。今からこのようなブッダの縁起の思想を話していくことになります。それが最終的には「自己自身の可能性に目覚めるとともに、その愚かさと傲慢さを知る」という仏教教育の基点にもなります。

さて、今皆さんは、それぞれの世界観をもって、つまり周囲の環境や物事を認識しながらここに存在しているでしょう。しかし、周囲の物事を確実に観察して理解しているつもりでも、それが実は怪しいのです。そのような「怪しい認識」について、皆さんの誕生の場面から流れを追って、順に確認しましょう。

まずは皆さんが存在する前、何もない空っぽ、「空《くう》」の状態からはじめます。仮に真っ白で何も書いていないホワイトボードを「空《くう》」としてスタートします。空間であり、世界です。さて、世界には多くのものが皆さんを取り巻いて存在していますね。今ホワイトボードには何もない広がりがありますが、実際の空間には、皆さんの周囲には、多くのものがありますね。例えば上の方には太陽、そして昼間なら周囲には山も見えるでしょうか。山があれば、樹々があります。そして森には鳥が飛び、獣も行きかう。虫もいるでしょう。真っ白な「空《くう》」の世界に、いろんなものが生まれて存在します。多くの花も、縁の中で咲いているわけです。風も吹くでしょう。雨も降ります。どんどん環境世界が描かれていきます。

さて、そろそろ皆さんを誕生させましょう。さまざまなものに囲まれた空間の真ん中に、皆さんの存在を参加させましょう。さまざまな縁によって無数のものが生起していますが、その中にいよいよ皆さんも、機縁《きえん》を得て生まれたわけです。生まれ、生命を得ました。

さあいよいよ私たちも、それぞれに身体《からだ》をもって世界内に生起しました。身体をもって生まれるのですが、仏教ではこの身体の性質を、細かく分けて言い当てます。それが「六根《ろっこん》」です。六つの根、器官ですが、これを持つ生命として誕生します。「根」というのはさまざまな「認識」がそこから生まれる部分ですね。その六つは、身体の上から順に「眼《げん》」、二番目が「耳《に》」、次が「鼻《び》」、そして次が「舌《ぜつ》」です。「口」と言わずに「舌」と言うのは、味など、直接的にさまざまな物を受け容《い》れて感覚し認識する場が「舌」だからでしょう。そして次が身体の「身《しん》」。「身」は、外界《がいかい》と接触して、さまざまな感覚を受容していくのは「身」ですね。「身」は、皮膚や肌の感覚に近いかと思います。そして最後が「意《い》」です。これは六根の最後で、言わば「認識する器官」ということでしょうか。

この眼・耳・鼻・舌・身・意が、「六根」です。もちろんすべてが合わさらない場合もありますが、後に見ていく認識の形成は同じです。まあ多くはこの六根というものをそれぞれに持って、空間、世界の中に誕生するのだと説かれるわけです。

この六根は別の言い方で「六窓《ろくそう》」とも言います。面白い表現だと思いますが、「窓」とは、そこから外界を覗《のぞ》き、その様子を取り入れる情報口のようなものです。私たちは外界を、「六つの窓」を通して見ているのだと説くわけです。六つの窓を通して、外の様子が私の中に入ってくるわけでしょう。例えば、今この会場でも、皆さんの眼や耳の窓からさまざまな情報が内に入っていってますね。今は眼や耳かもしれませんが、ちょっとそこをお休みして、試しに「身」の窓に集中してみましょうか。耳の窓を閉じて、今、ご自身の身体がどうなっているかに集中してみてください。例えば、左手はどこにありますか？　皆さん、見なくてもわかるでしょう。どこに今自分の左手があるか、意識すればわかります。それはそこの感覚器官の窓が開かれたということがあるわけです。

「六窓一猿《ろくそういちえん》」という言葉がありますが、私たち人間は、その窓を落ち着きなく飛びまわって外を眺めている猿《さる》のようなものだと言います。当然、それぞれの窓から入ってくる情報は違います。眼窓や耳窓、鼻窓からは、それぞれに違った情報が入ってきます。眼窓からは色や光、耳から入ってくるのは声、音ですね。鼻からは香り。舌から入ってくるのは味ですね。身体は接触の触です。そして最後の意は、考察の対象、そのあり様が内に入ってきますね。六つの窓を通して入ってくる外からの情報は、色《しき》・声《しょう》・香《こう》・味《み》・触《しょく》・法《ほう》とされます。「法」は事象《じしょう》でしょうか。

世界の感受

六根（窓）から入ってくる外界の側《がわ》を、「六境《ろっきょう》」と言います。窓から見える六つの景色、六つの境界です。自身を内とすれば、これは外と言えるでしょう。外が六窓を通じて内に入ってくるのですが、入ってきて受け止められることを「感受」と言います。情報を感じ、受け入れるわけです。六つの窓からそれぞれ六つの境界を感じて受け入れる、これが日々の私たちの経験です。

ここで一つ質問です。六窓を通して感受された情報は、その後、皆さんの中でどうなっているのでしょうか？　どこで処理されていますか？「頭」でしょうか？　確かに頭に刻み付けられることもあるでしょう。ただ経験のすべては脳に蓄積《ちくせき》されていくのだという意見は、近代的な、かなり西欧化した考えだと思います。人間機械論です。しかし、本当にそう言いきれるかどうかは、実はわかりません。ですから、頭に溜《た》まると考えてもらってもいいですが、私はどうしても「こころに溜まる」と言った方がしっくりきます。

　仏教では、その「溜まる場所」を、さらにきちんと説明してくれています。どこに溜まるかというと、仏教ではその場を「蔵《ぞう》」と言います。ある蔵《くら》に溜まるとされ、その蔵は、意識の蔵ですので「蔵識《ぞうしき》」と言います。別の言い方では「阿頼耶識《あらやしき》」とも言います。縁によってさまざまな経験をしますが、それらがすべて入っていって蓄積される場です。

　皆さんは今、私の話を聞いてくださっていますが、この時間をなんとか耐えて、講義を終えたいと思っている方もいるでしょう。早く終えて、無事にそのまま日常に戻りたいと思っているかもしれません。しかし残念ながら、そのまま日常に戻ることはできません。それは、これまでとは違う経験を今しているからです。聞いていてくだされば、これまでとは違う情報が眼や耳から感受され、それが知らず知らずの間に皆さんの内なる「蔵識」に蓄積されてしまうのです。食事をした時の栄養分が知らない間に皆さんの身に付くように、六窓を通じ感受されたものは、知らず知らずのうちに皆さんの阿頼耶識に溜まっていくわけです。ですから、受講して何かを少しでも感じることがあるとするならば、意識、無意識は問わず、皆さんは確実に受講前とは違った自分になっているのです。

だから授業中に携帯でゲームをしている学生は、とてももったいないわけです。教室には確かに居ますが、何も変わらないまま、九〇分後に同じ教室を出て行くことになるわけです。それが一年間続けば、学校ではまったく得るもの無く、時が過ぎていくことになるのです。多少ゲームは上手くなるのでしょうが、基本的には既存の自分の世界に閉じこもって、何も起こらないし何も変わらない。何の進歩も成長もないということです。しかし、短い授業でも六窓を開け放って外の状況を感受していれば、知らない間に何がしかが流入し蓄積され、授業前とは違う自身になっていきます。仏教的に言えば、それこそが「縁起」です。自分自身が、あるいは自分が捉《とら》まえる世界が、新たな縁によってさらに生起していくわけです。どんどん変化していく。

皆さんが、一人ひとりバラバラな自己である理由は、実はそこにあるのですね。まったく異なる時、違う場所で、それぞれの経験を重ね、「蔵」に異なるものが蓄積されていっているので、すべての人は当然個別個性であるわけです。窓を通して入ってきている情報が一瞬一瞬、決定的に違う。仏教的に言えば、これが「人間が育つ（成長）」ということです。いずれにせよ、認識のすべては蓄積されるというのが縁起の道理となります。

このような感受と成長の流れは、システム化されてＡＩなどにも活用されているようですね。「アラヤ」という名前のＡＩ関連会社もあると聞きましたが、この「アラヤ」は、阿頼耶識のアラヤだそうです。コンピューターの世界も同じです。外界に開け放たれた窓、情報収集用の窓を設けてそこから情報を収集し、それを蓄積させ、ロボット自体の経験値を高めていくのだそうです。コンピューターがコンピューター自身で経験を重ねて成長していく、それがＡＩです。

「私」という存在

さて、このＡＩと人間が決定的に違うのはここから先です。仏教でも、ここから先が大きな問題となる部分です。また一つ質問しましょう。皆さんには「私」は、ありますか？　「ある」とするならば、その「私」はどこから来ましたか？　いつから「私」は、「私」ですか？　そもそも「私」とは何ですか？　「いつから」については、だいたい二〜三歳頃から実感がありますかね。では、その前は「私」は、無かったということでしょうか…？

皆さんにとって「私」とは、おそらくいつの間にか存在しましたよね。よくわからないその「私」は、いつ頃、どこから来たのか、考えたことがありますか。仏教的にこの「私」を了解すれば、あらゆる経験が蓄積された集合体がそれなのだとします。もう少し補足すれば、オギャーと生まれてずっと重ねてきた意識・無意識の経験、感受によって生み出されたあらゆる認識に、いわば袋のようなものが被《かぶ》さって、囲い込まれたもの全体が「私」なのだということになります。まあこれは私の捉え方なのですが、面白いですね。

さあ、そう言われるとなんとなく落ち着きませんか。「おー、私が見つかった」という気がしませんか。「私」なるものはいつ、どこから来たのかよくわからない。しかしわからないからといって、無いわけではない。なんとなく二〜三歳頃からあるような気がするが、その前が「無私」だったのかと言えば、そうではない。そういう多くを漠然《ばくぜん》とさせたまま、しかし間違いなく在《あ》るのが「私」ですね。ですからそんな私は、どんどん変わってきているような気もするし、全然変わっていないような気もする、それが「私」です。蓄積された認識の集合体が袋で覆《おお》われているので、昔からまったく変わってないと言えば変わらないのでしょうが、日々、瞬間瞬間に違うものがどんどん入ってきているので、違うと言えば違うわけです。これが、謎めいた「私」という存在です。存在と言うか、「私」という事態です。

この袋のことを、仏教では「末那識《まなしき》」と言います。蓄積された経験に袋が被さっている。それがなければ主体はバラバラに解体されてしまいますね。経験を重ねても、すべて流れて漏《も》れ出てしまえば、主体は生まれないでしょう。しかし袋があるので、日々違うものがどんどん入ってきて、無意識にですが蓄積されていきます。ずっと無意識のままの経験もあるでしょうし、強烈な印象を与え、その後の人生に大きな影響を与える経験もあるでしょう。とにかく生まれた時から窓を開けて外界の事物を受用し、何となく「私」という主体が形成されていって、それが間違いなく今の自分となっているのです。そしてさらに日々様々な縁の中で、留《とど》まることなくそれは変化しながら、育っていくわけです。

「私」という感情の芽生え

そのような「私」ですから、常に流動しているので何にでもなれるし、可能性は無限大です。①にある「自己自身の可能性に目覚める」の「可能性」とは、この意味です。さまざまな物を吸収することによって、可能性は無限に広がるわけです。

しかし、次に「その愚かさと傲慢さを知る」という言葉をつけています。無限の可能性があって、素敵なことのようではありますが、注意をしないといけないことがあると仏教では言うのです。次はこの注意の内容を確かめましょう。

再び皆さんに尋ねます。私が私として形成されはじめた時のことを思い出してみてください。二〜三歳頃と言いましたが、最初には、どの窓からどんな情報が入ってきたでしょうか？　憶《おぼ》えていますか。

「耳から！」という答えが返ってきましたが、では耳から、何が感受されましたか？　名前ですか？　仮に、自分の名前が呼ばれてそれが耳を通して感受されたということになると、では誰がその名前を音にして発したのか。そう、おそらく多くの場合、お母さんですね。皆さんも思い出してください。思い出せないようでしたら、想像してみましょう。

生まれる前に名前が付いていたら、名前が呼ばれたということもありましょうか。もし名前が付いていないのなら、お母さんが「まあ、かわいい」と、言われたのではないでしょうか。それが最初だとすると、次は何でしょう。おそらく抱《だ》っこされたのではないでしょうか。「耳」には母親の声と、「身」には抱っこされた温かさ、柔らかさを感受したでしょうか。とにかくこれが六窓を通じて、皆さんの内に最初に取り込まれた感覚になるでしょう。そうやってどんどん認識が蓄積されて、袋に入っていく。それが次第に、「私」になっていく。

しかし、そうやって成長していくと「私」はどうなるでしょう。乳児の多くは、基本的にはずっとお母さんが傍《そば》にいて、柔らかくて温かくて、美味《おい》しくて、「意」の窓からは安心感が入ってくるでしょう。それが蓄積されて「私」が形成されていくと、そのような温かくて優しい母を求めるという感情をもつ「私」が、芽生《めば》えはじめます。そのような方向性をもった

「私」が内に誕生し、育っていくわけです。

その母を求める感情は時に激しくなり、泣いて母を求めることもあるわけです。やがて二カ月くらい経って眼の窓が開かれ、はじめてお母さんの顔が見えると、赤ちゃんはニコっと微笑《ほほえ》みますよね。初めて見るのに母の顔がわかる。それは、知っているからですね。温かさや匂いや声を知っているお母さんの顔が、ようやくボーっと見えるということでしょう。だから安心して笑うわけです。眼に見える前から、母を知っている。自分を守ってくれる存在だという安心の意識が、眼が開かれる前に十分に育っているのです。

自己中心的な「私」の誕生

ですが同時に、ここで人間の自我の複雑な問題もはじまっているのです。その複雑な問題とは、次第に形成される自我、非常に傲慢な「私」ですね。母を強烈に求め、母を独占して手放さないでおこうとする「私」の誕生です。独占したい欲望のはじまりです。

放置しておけばこの「私」は、本質的に自己中心性が消えないものとなっていくわけです。すべて「私」という同じ袋に経験が入っていってしまうので、必然的に自分中心でしか物を見ることは出来ないし、感じることは出来ない。快も不快も、もちろん「私」に関するものとしてしか感受されません。当然と言えば当然ですが、これを仏教用語では「我執《がしゅう》」と言います。「私」に執着していく、執着が私そのものだということでもありますね。それが「私」がもつ無限の可能性に期待すると共に、注意して考えなくてはならない点です。それを①の後半に「その愚かさと傲慢さを知る」と表現したわけです。

「我執」とは、「私」が「私」に執着してしまって、そこから抜け出すことが出来ないことを意味します。この我執をもう少し詳細にみると、仏教では二つの方向性をもつ心だと分析します。それは「貪欲《とんよく》」と「瞋恚《しんに》」です。言い換えれば「順境《じゅんきょう》を愛する心の方向性」（貪欲）と、「逆境《ぎゃっきょう》を排除しようとする心の方向性」（瞋恚）です。「私」なるものはどうしてもこの二つの心の方向性を本質として持ち、これに執着してしまうのだとブッダは説きます。「私」を真ん中に据えて、都合のいいものを手に入れたいという欲望と、悪いことは突き放したい欲求、方向性としては正反対ですが、内実は「私」を保持するものとして同質です。

逆境を乗り越えれば乗り越えるほど強くなるのだと理解して、あえて逆境を求める中で、人としての成長を獲得しようとする場面もあります。「私」の袋に意外なものが、刺激の強いものが入ってくるので、いい成長が期待されるでしょう。しかし、成長としてこのことが意識されなければ、基本的に人間は順境を求め逆境を排除する生き方を貫こうとするわけでしょう。この点が、目覚めるべき人間の「愚かさ」として、仏教では説かれているのです。

おそらく一般の社会は、仏教の教えとはまったく反対の方向に人間生活を形成しようとするのではないでしょうか。「自己実現」という大切な言葉もあるように、ほとんどが、いかに自己の欲求を満足させるかに力が注《そそ》がれるのではないでしょうか。順境を常に確保し、逆境をなるべく遠ざける生活が理想であると考え、それを実現しようとする。もちろんこれも大切な意味を持つとは思いますが、しかし、そんな単純な問題ではありません。自己実現ということには、恐ろしい問題も裏にはあるわけです。なぜかと言えば、人間は一人ではないからです。多くの他者との間で生きていかなければならない存在だからです。自我をそのまま放置すれば、他との争いが絶えない世界が待っています。

小さなことかも知れませんが、大谷大学には男子寮も女子寮もありますが、今の学生たちはほとんどがワンルームマンションでの生活を選びます。それは、共同での生活が煩《わずら》わしいのです。集団では自分中心の生き方が出来ないからです。共同生活の場面では、個人の順境を優先し逆境を排除するというワガママは通用しません。ですから他人と暮らすより、一人でいた方がいい。

ところが、社会ではそうはいきません。どうしても生きていく時には他者がいるわけです。自分が欲しいものは他者も欲しがるし、あなたが嫌なことは皆も嫌なのです。そこで互いに衝突しながらも、手に入れたり譲《ゆず》ったりしながら、共に生きる社会を創造していくのです。学生たちにはそのような経験を早くにしてもらいたいと大谷大学も学寮を持っているのですが、今の子どもたちにはハードルが高いようです。

愛欲や執着を放置し、貪欲と瞋恚のままに人間が成長し、そのままの主体でそのまま社会に出ていくとどうなるか。オギャーと生まれて機嫌よく泣いていた空間が、もちろんそのままワガママには生きられないわけですから、お互いに邪魔をし、奪い合いの絶《た》えない世界になっていってしまいます。愛欲や執着といった渇愛《かつあい》に基づく競合・競争の世界です。自己を満足させるためには、他を無視してでも奪い取るか、嫌なものを他に押し付けるかしかないわけです。

ブッダは、我執と渇愛に生きる愚かな人間について、次のように言います。

この世において執着のもとであるこのうずく愛欲のなすがままである人は、もろもろの憂《うれ》いが増大する。…中略… 愛欲に駆《か》り立てられた人々は、わなにかかった兎《うさぎ》のように、ばたばたする。束縛《そくばく》の絆《きずな》にしばられ執着になずみ、永いあいだくりかえし苦悩を受ける。

（ブッダ「ダンマ・パダ」三三五―三四二）

執着のもとである「うずく愛欲」とは、貪欲と瞋恚の心を言いますが、これのなすがままである人は、かえって憂いが増大するのだと言います。苦しみや憂いが増大するとは、自他共にです。自分を苦しめるし、他人をも苦しめることになるのです。

人間は生まれてからずっと袋にさまざまな物を取り入れて自我を形成し

ていくのですが、その自我が我執となって激しさを増すことを放置すると、人間は「永いあいだくりかえし苦悩を受ける」と言うわけです。人間は身体を得て、六根を用いて多くの情報を入れながら育って、そこに「私」なるものが形成されていくのだけれども、実は「私」なるものはそのような性質を持っているのだということを、よく知らなければならないということです。愛欲という性質を頑《かたく》なに保持し、そのまま放置しておくと、自分自身も苦しいし、人をも苦しめる。ですから社会へ出て他者との競合に無邪気《むじゃき》に埋没《まいぼつ》する前に、一度その問題性をじっくりと見つめ、深く考えなくてはならないわけです。

次のようなブッダの言葉もあります。

今のひとびとは自分の利益のために交《まじ》わりを結び、また他人に奉仕する。今日、利益をめざさない友は、得がたい。自分の利益のみを知る人間は、きたならしい。

（ブッダ「スッタ・ニパータ」七五）

愛欲のなすがままである人間は、憂いが増大する。しかしそのことに無知であるなら、そのままに「自分の利益のみ」を求めて、他者とも関わっていく。ブッダはそのような人間を〝汚《きたな》らしい〟とまで言われるのです。そして〝自分の利益を目指さない友は得がたい〟と言われますが、この場合の「友」とはもちろんブッダの友ですので、ブッダと同じ目標をもって生きる人ということです。

他者と共に

さて、それではどうすれば良いのかということです。「私」をそのまま

に放置するわけにはいかない。〝汚らしい〟生き方を離れるために、どうするのか。それが次の、

②他者と共に生きることの大切さを学ぶとともに、その実現の困難さを知る

という視点です。

ブッダはこの問題について、次のように説きました。

修行僧よ。この舟から水を汲《く》み出せ。汝《なんじ》が水を汲み出したならば、舟は軽《かろ》やかにやすやすと進むであろう。貪《むさぼ》りと怒りとを断《た》ったならば、汝はニルヴァーナにおもむくであろう。(「ダンマ・パダ」三六九)

「私」という舟から水を汲み出せ、とおっしゃっています。私たちは自我の袋に、愚かしさの水をたくさん充満させてしまっている。ですから、その重たい水を汲み出すと、人は軽やかに前に進むことが出来る、生きる

ことが出来ると説かれるのです。その水とは、貪りと怒りの水です。貪欲と瞋恚です。常に順境を求め逆境を厭《いと》って他者と衝突して止《や》まない自我に対して、その水を汲み出せと説かれるのです。渇愛が満たされれば幸福が手に入ると思い込んでいる私たちに対して、まったく逆のことを説かれます。

先にもふれたように、一般的には渇愛の満足による自己実現を教えるのでしょう。なるべく立派な会社に就職して、トップに立って、人との競争に勝って、たくさん稼ぐ。人の上に立てば幸せになれるのだと思い、思わされ、それが成功者であるともてはやされる。頑張って社会的地位を得ること自体が悪いわけでは決してありませんが、ともすればそのことを目的として、自分が〝汚らしい〟生き方をしていないかということには、今の風潮の中ではとても考えが及ばないかもしれません。現代社会ではなるべくスマートに競合に勝って多くの財を為《な》した者が、人間としての成功者や理想像として提示されることが多いようですが、ブッダの掲げる人間の理想は、それとはまったく異なった生き方の中に見出されていくものなのでしょう。財を為しても、安らかに生きることは出来ない。それよりもそのような渇愛の水を汲み出せと、ブッダは言うのですから。

さて、それではどうやってこの水を「私」なる舟から汲み出せばいいのか。ここが大きな問題です。ここまでずっと「私」について確かめて来ていますが、生まれてから、無意識に「私」なる袋が出来上がっていることは、どうしようもない事実です。これまでを無かったことには出来ないし、いまさら急に六窓を閉ざすわけにもいかない。どんどん自己中心的に、私にとっての好き嫌いが情報で入ってきます。窓が開いていれば、さまざまな情報が入り新たな自我が形成されます。それを阻止することは出来ない。では、どうやってその袋から渇愛の水、自己中心的な愛欲だけを汲み出すのか。

「私」とは、何度も言いますように我執や執着を本質とするので、これを排除すると「私」なる袋は萎《しぼ》んでしまいます。なくなるでしょう。ですから単純にすべてを汲み出すことは出来ないでしょう。それではどうするのか。その時ブッダは、「汲み出せ」ということと同時に、また別のことをおっしゃいます。私なりには、「別の水を入れよ」と理解してもいいのではないかと考えています。渇愛とはまた別の水を、袋に詰めるのです。これを入れると袋は萎まず、そのまま「私」は膨《ふく》らんだままですが、別の「私」になります。中に納める水は、別のものです。ですから保持されている「私」も、別の私になります。ブッダは次のように言います。

あたかも、母が己《おの》が独《ひと》り子《ご》を命を賭《か》けても護《まも》るように、そのように一切の生きとし生けるものどもに対しても、無量の慈《いつく》しみのこころを起すべし。また全世界に対して無量の慈しみの意《こころ》を起すべし。

（「スッタ・ニパータ」一四九―一五〇）

ここでは自己執着や、渇愛の実現ではなく、徹底して利他《りた》を説かれています。その利他とは、「母が己が独り子を命を賭けても護るよう」な心です。母親がわが子を温かく見守り養うように、「一切の生きとし生けるものどもに対しても、無量の慈しみのこころを起すべし」と言います。「全世界に対して無量の慈しみの意を起すべし」とも言われます。これは、「自分の為に生きる」ことを本質とする自我の袋の水を、「他者の為に生きる」心の水に入れ替えよということを言うのでしょう。

「私」の袋が他者中心で満たされると、我の順境を愛し我の逆境を排除したいという思いが、他者の順境を愛し他者の逆境を厭う心に変わります。入れ替えると、自然にそうなります。放置しておけば必ず身についてしまう自己中心性を、他者中心性に切り替えると、当然「私」なる袋は違う目的をもってその蓄積された経験を生かす存在になっていくはずです。新しい「私」です。これまでの「私」が、違う「私」として新たに社会と出会っていくことになるのです。それぞれが違う私として社会に出ていくと、この愛欲に基づく競合社会が調和の社会になっていくでしょう。ここにブッダの教育の大切な意味があります。仏教教育です。

ブッダの大切な教えに「慈悲」があります。他者を慈しむ心、他者を悲しむ心です。基本的には、他者の苦しみを取り除いてあげたい心と、他者に喜びを与えたい心を言います。それが慈悲です。ですから仏教の教育現場では、どうしてもこれを言わなくてはならないわけです。これをブッダは、「母が己が独り子を命を賭けても護るように、そのように一切の生きとし生けるものどもに対しても、無量の慈しみのこころを起すべし。また全世界に対して無量の慈しみの意を起すべし」と言うのです。また次のように言います。

比丘《びく》たちよ、遍歴《へんれき》せよ。衆《おお》くの人の利益のために、衆くの人の安楽のために、世間に対する哀《あわ》れみのために、神々と人間の福祉・利益・安楽のために。二人して一つの道を行くことなかれ。

（ブッダ『律』・山口益編『仏教聖典』八九頁）

多くの人の安楽のために、「遍歴せよ」と。つまり世間に対する哀れみのために、一人で旅に出よと言います。ブッダは深い人間観察を通して、愛欲のなすがままであると世界が崩壊に向かって進むだろうということを知っておられるのです。ブッダは目覚めた人、覚者《かくしゃ》という意味ですが、何を覚られたのかというと、端的に言えば「私たち人間はこのままではいけないのだ」ということに目覚めたのでしょう。このまま人間の渇愛を放置すれば、とんでもない世界が待っていると、そのことに目覚められたのです。ですから渇愛の水を慈悲の水に入れ替えることを説かれるのです。

ワンルームマンションに一人で生き続けるならこのままでもいいのかもしれません。しかし人間は、多くの命と共に生きていかなければならないのです。他者との間にあって、共に生きていかなければならないわけです。その時「このままではいけない」と、人間の構造、意識の成長、主体の完成などの様子を観察した中で、渇愛の水だけは入れ替えないと人間に共生の道は開かれないのだとブッダは目覚められたのです。ですから徹底して利他を説く。「衆くの人の利益のために、衆くの人の安楽のために、世間に対する哀れみのために」生きよと。

ですから、仏教系の学校を卒業していく子どもたちには、どうしてもこれを言わなければならない。伝えなければならないのです。「他の学校とは異なって本学の卒業生は、自分のためではなく他者のために生きなさい」と。これについてはたとえ自分が出来なくても、ブッダの教えとして伝えていかなければならないわけです。

真宗に生きる

仏教の生き方はたいへんシンプルだとも言えます。水を入れ替えるだけでいいのですから。今日から自分中心を改めて他者中心に生きる、そのスイッチを切り替えるだけでいいわけです。

自分が出来るか出来ないにかかわらず、仏教教育を標榜《ひょうぼう》する限りはそのように伝えていかなくてはならないのですけれども、おわかりのように、これはそれほど簡単なことでありません。自分の喜びよりも他人の喜びを優先するということ自体、大変な努力を要することになります。頭では理解出来るでしょうが、身体がそのようなことを欲しませんし、心はそれを許さないのではないでしょうか。生徒には、友だちを大切にしましょうとか、弱いものを守りましょうと言いながら、自分たち教員が相変わらず自己中心的であったり、弱者を排除したりする行為を止められないという事例は、後を絶《た》たないのではないでしょうか。

それが次の「その実現の困難さを知る」になります。「他者と共に生きることの大切さを学ぶとともに、その実現の困難さを知る」のです。理屈はわかるが、身体が、心がついていかない。その事実をきちんと見つめて、さらに考えるということです。仏教は知識ではなく、生きることそのものの中で受け止めていかなければなりません。なので、教えを聞き頷《うなず》いてから、その次の生き方が特に大切になります。水を入れ替え、自己中心から他者中心へと主体を新たにすることは大切であるということは理解出来るのですが、そのことの実現に向けて自分自身が動けないというところまで学びを深めていかなければならないのでしょう。そこに実は、真宗の視点があります。

そこで最後に、

③それでも人間の可能性に期待して、同朋社会の顕現を目指して生きるです。これは、真宗の教育についての視点です。宗教系の学校は世界中にたくさんあります。そして仏教系の学校も、世界中、日本中に多くあります。すべての仏教系学校に共通するのが、当然ですがブッダの教え、精神です。それは今まで確かめたような内容が、どこでも基本となるはずで

す。ところが真宗の学校は、そこにさらに親鸞の教えや精神が加わってくることになります。もちろんこれは仏教の精神と異なることはありません。しかしそれでも「真宗」であることをあえて確かめようとするならば、何かしらの特徴がそこに述べられなければならないはずです。そうでなければ、「仏教系の大学である」という確認だけでいいわけです。しかし、あえて「真宗」や「親鸞聖人」が大切な意味を持って付加されてくるのですから、どうしてもその意味を確認しなければならない。最後にその点を考えます。

ブッダの教えは理解するが、自分自身その通りに生きることが困難である。なので仏教的理想を語るのをやめて、結局は自分中心的に生きていこうと、そう判断することも人間の一つの選びとしてはあるかもしれません。あるいは、仏教の教えを絵空事《えそらごと》だと捉える風潮も、ないわけではありません。

ません。口では仏教を説いていても、生き方がまったくもって俗《ぞく》的である方も多くおられます。もちろん私も例外ではないでしょう。現に私の袋も、自我で満杯です。

しかし、教えの通りに身を生きることが出来ないからといって、それで諦めるのかと言えばやはりそうはいかないわけです。それでも仏教を聞き、生きようとし、伝えようとし、そのことを諦めないでいなければならないのでしょう。そうでないと、仏教の理念を大切にする学校だと言っても、それ自体が嘘になります。生徒募集のために仏教を語るが、内実がまったく無いという、得体《えたい》の知れない教育機関になってしまいます。そしてついには、自我を満足させるための教育機関に堕《だ》してしまうことにもなるでしょう。

その最後の踏ん張りの部分が、確かに慈悲の心や利他の精神の成立は困難であるけれども、「それでも」子どもたちの可能性に期待して教育し、同朋社会の顕現（共に尊重しながら生きていける社会の成立）を目指して生きるということで確かめようとする内容になります。

親鸞という方の出発点は、ブッダの教えはよく理解出来るし、涅槃《ねはん》に向かっての安らかな生き方や社会を求めはするのですが、事柄はそんなに簡単ではないという事実、あるいは痛《いた》ましい自己への目覚めにあります。ブッダは教えてくれてはいるけれども、私自身はそのような境地を求めることすらないのだという、「私」の心の実態に注目し続けていくのが親鸞です。仏教に対する理解の問題ではなく、仏教を通して出会う自己の問題です。

親鸞は、次のようにおっしゃいました。

凡夫《ぼんぶ》というは、無明煩悩《むみょうぼんのう》われらがみにみちみちて、欲もおおく、い

かり、はらだち、そねみ、ねたむこころおおく、ひまなくして臨終《りんじゅう》の一念にいたるまでとどまらず、きえず、たえず

（『一念多念文意』聖典五四五頁）

人間というのは「無明煩悩われらが身にみちみちて」いるのだと言います。我執が身体中に溢《あふ》れているのだと。死ぬその瞬間まで、実は貪欲や瞋恚の煩悩は消えないのだと言います。それはそうでしょう。死ぬ瞬間にいたるまでに、「私」の袋は自我でパンパンです。自我によって収集された認識で、袋がいっぱいになっています。ですから当然それは死ぬまで〝留《とど》まらず、消えず、絶《た》えず〟です。まして死の瞬間には、不安からその自我が破裂しそうにまでなるでしょう。かえって不満や恨《うら》み言《ごと》が出ることもあるでしょう。それが「臨終の一念にいたるまでとどまらず、きえず、たえず」で、自己中心的な主体は最後まで消えないのだと親鸞は言います。

これは一見ブッダの教えに反している言葉のように聞こえるかもしれません。しかし違います。ブッダの教えをよくよく知っているから、その心が消えない痛ましい自己が見えてくるのです。容易に水を入れ替えることが出来ない自己が、よくよく知らされるのです。それはブッダの教えを、身を通して深く理解しているからです。

言い方を変えましょう。ブッダの教えは、理解は出来るのです。これは何も親鸞という人物に限ったことではなく、皆さんもそうでしょう。自己中心的なあり方がいかに汚らしいか、自己中心的な意識を捨てて、他者中心に生きることがいかに尊《とうと》いことであるのか、これは理解出来るはずです。互いに他者を敬《うやま》い合うことが出来れば、争いの世界が調和の世界に変わることも、話としてはわかるのです。けれども残念ながら自分は生まれてから死ぬその瞬間まで、そのような身になることはないのだと親鸞は言うのです。これはブッダの教えによって、そのような自分がかえって明らかになってくるということです。
親鸞はこれを自身のこととして、次のようにも言います。
悲しきかな、愚禿鸞《ぐとくらん》、愛欲の広海に沈没《ちんもつ》し、名利《みょうり》の太山《たいせん》に迷惑して、定聚《じょうじゅ》の数《かず》に入《い》ることを喜ばず、真証の証に近づくことを快《たの》しまざることを、恥《は》ずべし、傷《いた》むべし、と。（『教行信証』聖典二五一頁）
〝悲しいことに、この愚かな親鸞は、愛欲と執着の海に沈み込んで、名声や利益を求める奥深い森に迷い込んでいる。証《さと》りへの道を示されているのに、そこに向かって歩むことをこころよしとすることが出来ないでいる。恥ずかしいことである、傷ましいことである〟と。深く悲しみつつ、愛欲の広海に沈む自己を吐露《とろ》するわけです。これはまさに親鸞自身を言い当てた言葉ですが、ブッダの教えに背《そむ》いてある自己への傷みですね。「他者と共に生きることの大切さを学ぶとともに、その実現の困難さを知る」と言いましたが、これは、ブッダの慈悲の教えは知っているけれども、その実現困難さが自己自身の中に拭《ぬぐ》いきれない事実としてあることを知っていることを意味します。教えの通りに生きることが出来ないことを、親鸞は、深い傷みと共に吐露するのです。

教えがあって、教えの通りに生きましょうということでは終わらない。教えがあって、教えの通りに生きようとするのであるが、そのことが自身の上に成立しない。そのことに対する、傷みと悲しみです。そこに親鸞の、あるいは真宗の教えの大切な展開があるのだと思います。言葉は妙かもしれませんが、その傷みをバネにする、そこに真宗の大切な視点があります。通常の仏教の大学とは異なる、浄土真宗の学場としての意味です。学びの場が、まさにそこにはじまるのです。

私が私を歩む道

先ほども言いましたように、だからといって止《や》めるわけにはいかない。親鸞は仏道を求めることを止めないのです。自我の放棄が困難だからといって、「それではみんな自分勝手に生きましょう」とはいかない。それはなぜかと言うと、やはりブッダの教えがあるからです。そしてまた、親鸞には傷みがあるからです。親鸞の言葉によれば「恥ずべし、傷むべし」という感覚です。これは、放置されるはずだった自我の中に芽生えた、新しい感覚かも知れません。これが諦めることを許さない力となります。仏教の言葉で言えば、懺悔《さんげ》です。仏教的感覚、あるいは真宗的感覚でしょう。この傷みがあるかぎり、それはそのまま「歩みを止める」ということにはなっていかない。あまりよくない言い方かもしれませんが、仏教的な傷みや悲しみが原動力となって、その人の人生を導くわけです。

「悲しきかな、愚禿鸞」あるいは「恥ずべし、傷むべし」と親鸞は言いますが、ブッダの教えをよくよく聞いて、それが「親鸞」その人の自我の袋に確かに流れ込んでいるんです。だから、その教えに照らされた自分を、親鸞は悲しい、傷ましいと言って、悲歎《ひたん》するのです。あるいは、そういう生き方しか出来ない自分を「恥ずかしい」と言う。これは、本来あるべき方向性に背いてある自己への目覚めです。先ほど言いました、自我の袋の中に芽生えている新たな感覚ですね。

これはもちろん、きちんとブッダの教えを聞いているから言える言葉です。本来進むべき道を知っているから、背く自分に出会うわけです。示されている方向性を知らないと、背いていても恥ずかしくもなければ、傷みもないでしょう。自分を悲しむ必要など、さらさらないのですから、自由気ままに、勝手気ままに生きればいいのです。けれども親鸞は違う。それが、仏教者親鸞であるし、真宗者としての親鸞です。

最後の言葉です。これも親鸞聖人の言葉です。このような詩を創っています。

小慈小悲《しょうじしょうひ》もなき身にて　有情利益《うじょうりやく》はおもうまじ
如来の願船《がんせん》いまさずは　苦海をいかでかわたるべき

（「愚禿悲歎述懐」聖典五〇九頁）

面白い言葉ですね。「小慈小悲もなき身」ですから、自分にはちっぽけな慈悲の心もないのだと、親鸞は言うのです。だから「有情利益はおもうまじ」です。他の人々に利益を与える、他者を助けたいなどとは思ってもみない自分なのだと。自分のことしか考えることが出来ないのだと、親鸞は告白しているのです。〝わずかな慈悲もない我が身、他者を救おうなどとは思ってもみないことであります〟と、自分の愚かさを説いているわけです。

ところが次の二句です。大切な内容が詠《うた》われます。「如来の願船いまさずは　苦海をいかでかわたるべき」とあります。これが、それでも前に向かって生きていく親鸞を表す言葉になるのだと思います。それでもあえて、やはり仏教者として生きていこうとするわけです。仮に訳を付けますと〝そんな私に仏の願いがなかったならば　苦しみ多い人生を、「人」として生き切ることは困難でしょう〟と、親鸞は言います。

自我を放置すれば、自己の満足を求めて他者との衝突を続け、世界を地《じ》獄《ごく》・餓鬼《がき》・畜生《ちくしょう》として生きていかなければならないことになるわけでしょう。しかし親鸞は、そう生きようとはしない。人生を、自我に放置しない。それが「如来の願船いまさずは　苦海をいかでかわたるべき」です。

〝仏の願いがなかったならば　苦しみ多い人生を、「人」として生き切ることは困難でしょう〟と詠うのです。

先の話で言えば、「水を入れ替えなさい」というブッダの教えを、「他者中心に生きてください」という願いを、背きながらでも聞き続けなければ、人が人ではなくなってしまうということです。そうでなければ、自分が「私」に埋没し、「人」としての生命を保つことが出来ない。自我に負けて人生を放置すれば、私たちは地獄・餓鬼・畜生の道を進むことになります。これは人の道ではありません。ですから、自我を放置するのではなく、自我に諦めるのではなく、やはり仏の教えや願いを聞き続ける態度を大切にしようと親鸞は言うのです。それでも私たち自身の可能性に期待して、朋《とも》なる社会の実現を目指して生きていかなければならない。そこに仏教の教えやブッダの願いの重要な意味があるのです。そこに、真宗としての新たな生命が生まれるわけです。それが、最後の「それでも人間の可能性に期待して、同朋社会の顕現を目指して生きる」ということです。

おわりに

私はもう中高年で、齢《とし》を重ねてきています。自分の自我に対しては、正直に言うと少々諦めかけてもいます。ある程度長く生きてきたせいで、相変わらず愚かしくて、加速度的に自分を中心として一喜一憂することが止められないでいます。こんな私ですと、まあ治療現場で言えば、「手遅れ」ということになるのかもしれません。しかし私は幸い縁あって教育の現場にいますので、少なくともこれから社会を創っていく若い世代、生徒や学生たちには大きな期待が持てるわけでしょう。人間の歴史と自己に対する深い傷みをバネに、自我を越えて、互いが結び合って、より調和的に社会を創造していけるチャンスが若い人たちにはあるはずです。これからの子どもたちにはあるわけです。教育者の特権が、ここにあります。自分には出来ないことを、あるいは出来なかったことを、無限の可能性を秘めた若い人たちに託すことができる。明るい未来を、その創造から託すことが出来るのです。深い反省を示し、恥と傷みを伝えながら、しかしそれでも人間が餓鬼や畜生とはならずに人間として生きていくことが出来る道の創造を、未来に任せることが出来るのです。

さまざまな経験を積み重ねて、人間はどんどん成長します。日々、瞬間瞬間にさまざまな経験を重ね、変わっていきます。そこに成長の大きな可能性はもちろんありますが、しかし自己を知らずに放置しておけば、どんどん人間は傲慢になっていくでしょう。構造として自己中心的性質を有しているわけですから、それを放置しておけばそこから抜け出すことが出来ないのです。だからこそブッダは、水を入れ替えて、他者のために生きることを説くのです。他者と共にあれと、利他を説くわけです。

しかしこれはもちろん、それほど簡単なことではありません。親鸞はそこに、自分に対する悲しみと傷みを感じることになるわけです。「共に生きることの大切さを学ぶとともに、その実現の困難さを知」って、悲歎に暮れたのですね。しかしそこで諦めて、自我を放置する生活を選ぶことはしなかった。「如来の願船いまさずは　苦海をいかでかわたるべき」と、ブッダの教えを聞き、如来の願いを大切に受け止めて生きようとするわけです。そこに「それでも人間の可能性に期待して、同朋社会の顕現を目指して生きる」道、共に尊重しながら生きていける社会が開かれていくのではないでしょうか。
ここに真宗教育の大切な視点があるのだと思います。

本書は、真宗大谷派学校連合会「第五十一回新任教職員研修会」（二〇一九年七月二十九日）の講義録を加筆訂正したものです。

小さな命に大きな願い

真宗大谷派学校連合会

【真宗大谷派学校連合会加盟学園・加盟校 エリアマップ】

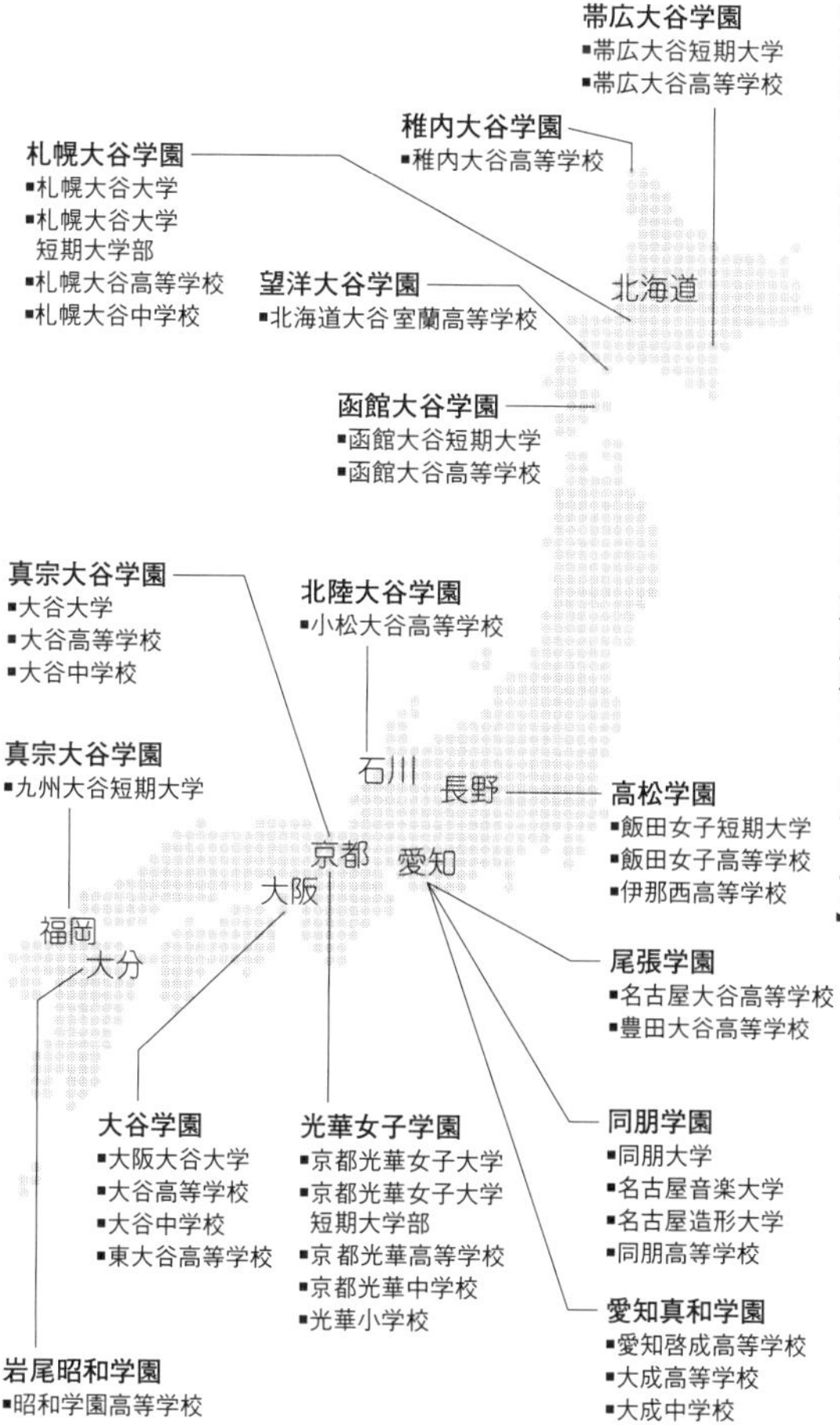
帯広大谷学園
▪帯広大谷短期大学
▪帯広大谷高等学校
稚内大谷学園
▪稚内大谷高等学校
札幌大谷学園
▪札幌大谷大学
▪札幌大谷大学短期大学部
▪札幌大谷高等学校
▪札幌大谷中学校
望洋大谷学園
▪北海道大谷室蘭高等学校
北海道
函館大谷学園
▪函館大谷短期大学
▪函館大谷高等学校
真宗大谷学園
▪大谷大学
▪大谷高等学校
▪大谷中学校
北陸大谷学園
▪小松大谷高等学校
真宗大谷学園
▪九州大谷短期大学
石川
長野
高松学園
▪飯田女子短期大学
▪飯田女子高等学校
▪伊那西高等学校
京都
愛知
大阪
福岡
大分
尾張学園
▪名古屋大谷高等学校
▪豊田大谷高等学校
大谷学園
▪大阪大谷大学
▪大谷高等学校
▪大谷中学校
▪東大谷高等学校
光華女子学園
▪京都光華女子大学
▪京都光華女子大学短期大学部
▪京都光華高等学校
▪京都光華中学校
▪光華小学校
同朋学園
▪同朋大学
▪名古屋音楽大学
▪名古屋造形大学
▪同朋高等学校
愛知真和学園
▪愛知啓成高等学校
▪大成高等学校
▪大成中学校
岩尾昭和学園
▪昭和学園高等学校

【真宗大谷派学校連合会加盟学園・加盟校一覧表】

学園名	学校名	学部・学科	所在地	電話番号	建学の精神（校訓）
稚内大谷学園	稚内大谷高等学校	普通科	097-0012 稚内市富岡1丁目1-1	0162-32-2660	●仏教の精神を基調とした全人教育を行い、世の光明となる人格を養成する。 ●報恩感謝　和顔愛語　自己反省　学行一体
札幌大谷学園	札幌大谷大学	芸術学部 社会学部	065-8567 札幌市東区北16条東9丁目1-1	011-742-1651	清く　正しく　只一筋に 「生き切れない命は一つもない」 ●一人も取りこぼさない教育 ●選別をしない教育 ●裁かない教育
	札幌大谷大学短期大学部	保育科 専攻科			
	札幌大谷高等学校	普通科 音楽科 美術科	065-0016 札幌市東区北16条東9丁目	011-731-2451	《四つの道しるべ》 ●学び知ることの楽しみを味わおう ●すなおな心で真実を求めよう ●身体をすこやかに鍛えよう ●限りなき恵みに感謝しよう
	札幌大谷中学校	―			

帯広大谷学園	帯広大谷短期大学	生活科学科 社会福祉科 地域教養学科	080-0335 北海道河東郡音更町希望が丘3-3	0155-42-4444	大いなる「いのち」に目覚め、人間として生きる喜びを見いだすことを願いとする。	真実・協調・敬愛
	帯広大谷高等学校	普通科	080-2469 帯広市西19条南4丁目35-1	0155-33-5813		敬愛・自立・創造
望洋大谷学園	北海道大谷室蘭高等学校	普通科	050-0061 室蘭市八丁平3丁目1-1	0143-44-5641	《教育スローガン》 きょうも　会えたね あしたも　楽しみ 《教育目標》 宗祖親鸞聖人が開顕された本願念仏の教えをよりどころとし、常に真実を求めんとする宗教教育の実践を理念とする。	

学園名	学校名	学部・学科	所在地	電話番号	建学の精神（校訓）
函館大谷学園	函館大谷短期大学	コミュニティ総合学科 こども学科	041-0852 函館市鍛治 1丁目2-3	0138-51-1786	親鸞聖人の「み教え」を基にした人間教育 かけがえのない「わたし一人」の発見を通して、地域における「本当の幸福」な人生の追及。
	函館大谷高等学校	普通科		0138-52-1834	●人生を正しく見て禍福に惑わず、真の幸福者になりましょう。 ●報恩感謝　言行一致　親愛礼譲　和衷共同
高松学園	飯田女子短期大学	家政学科 幼児教育学科 看護学科 専攻科	395-8567 長野県飯田市 松尾代田610	0265-22-4460	うつくしく生きる
	飯田女子高等学校	普通科 全日制課程 通信制課程	395-8528 長野県飯田市 上郷飯沼 3135-3	0265-22-1386	うつくしく生きる

	伊那西高等学校	普通科	399-4493 長野県伊那市西春近4851	0265-72-4091	和顔愛語 ―和やかな顔・美しい言葉―
北陸大谷学園	小松大谷高等学校	普通科 体育科	923-0313 石川県小松市津波倉町チ-1	0761-44-2551	親鸞聖人の教えと信仰を基調として、自己の心底を探求し、勤労と責任を重んじ、世に出てこの人あればこそといわれる人材を養成することを使命とする。 《生徒信条》 信仰―いのちの尊さに目覚めよう 研鑽―自分の花を咲かせよう 奉仕―微笑みの芽を育てよう
尾張学園	名古屋大谷高等学校	普通科 商業科	467-8511 名古屋市瑞穂区高田町4-19	052-852-1121	人と生まれ　人になる 「宗祖親鸞聖人のみ教えにもとづき、いのちをたいせつにし、真実に生きる人間形成をめざす」
	豊田大谷高等学校	普通科	470-0344 愛知県豊田市保見町南山1	0565-48-3511	命尊し 「自らの命の尊さに目覚め、他のすべての命とともに、真実の生き方を追求実現していく」

学園名	学校名	学部・学科	所在地	電話番号	建学の精神（校訓）
同朋学園	同朋大学	文学部 社会福祉学部 大学院 別科	453-8540 名古屋市中村区 稲葉地町7-1	052- 411-1113	同朋和敬の精神 「〝共なるいのち〟を生きる」 “Living together in Diversity”
	名古屋音楽大学	音楽学部 大学院		052- 411-1115	
	名古屋造形大学	造形学部 大学院	485-8563 愛知県小牧市 大草年上坂 6004	0568- 79-1111	
	同朋高等学校	普通科 商業科 音楽科	453-8540 名古屋市中村区 稲葉地町7-1	052- 411-1159	同朋和敬 「〝共なるいのち〟を生きる」 真理探究　相互和敬　体位向上
愛知真和学園	愛知啓成高等学校	普通科 商業科 生活文化科	492-8529 愛知県稲沢市 西町1丁目1-41	0587- 32-5141	正・明・和・信
	大成高等学校	普通科	491-0814 愛知県一宮市 千秋町小山 字大福田 1878-2	0586- 77-9900	報恩感謝　自学自修　質実剛健
	大成中学校	—		0586- 81-1118	

真宗大谷学園	大谷大学	文学部 社会学部 教育学部 大学院	603-8143 京都市北区 小山上総町	075-432-3131	●浄土真宗の精神を世界に開くことを使命とする ●人間をエゴイズムから解放する教育と研究 ●真の独立者として相互敬愛の心を有する人物を育成する	●自己の信念の確立 ●本務遂行、相互敬愛、人格純真
	九州大谷短期大学	仏教学科 表現学科 幼児教育学科 福祉学科 専攻科	833-0054 福岡県筑後市 蔵数495-1	0942-53-9900		●人生の主体者となる ●共に歴史と世界を生きる ●問いを学ぶ
	大谷高等学校	普通科	605-0965 京都市東山区 今熊野池田町12	075-541-1312		《教育理念》 樹心～人となる～ (TO BE HUMAN) 本願　いのちを大切にする 聞法　自分を発見する 同朋　友と共に歩む 精進　本気でやりとげる
	大谷中学校	―				

学園名	学校名	学部・学科	所在地	電話番号	建学の精神（校訓）
光華女子学園	京都光華女子大学	こども教育学部 健康科学部 キャリア形成学部 大学院	615-0882 京都市右京区 西京極葛野町38	075-325-5305	真実心＝慈悲の心
	京都光華女子大学短期大学部	ライフデザイン学科			
	京都光華高等学校	普通科	615-0861 京都市右京区 西京極野田町39	075-325-5223	真実心
	京都光華中学校	―			
	光華小学校	―		075-325-5250	真実心 こうかの心 （こ：向上心／う：潤いの心／か：感謝の心）

大谷学園	**大阪大谷大学**	文学部 教育学部 人間社会学部 薬学部 大学院 専攻科	584-8540 大阪府富田林市 錦織北3丁目 11-1	0721-24-0381	報恩感謝 《教育理念》 「自立」「創造」「共生」
	大谷高等学校	普通科	545-0041 大阪市阿倍野区 共立通2丁目 8-4	06-6661-8400	朝に礼拝　夕に感謝 慈悲　やさしくきよらかに 和合　なかよくたすけあって 精進　つとめにはげみましょう
	大谷中学校	—		06-6661-0385	
	東大谷高等学校	普通科	590-0111 大阪府堺市南区 三原台2-2-2	072-289-8069	朝に礼拝　夕に感謝 慈悲　いのちを　いつくしみ 和合　つながり　ともに生き 精進　まことの　人と成ろう
岩尾昭和学園	**昭和学園高等学校**	普通科 看護学科 福祉科 調理科	877-0082 大分県日田市 日ノ出町14	0973-22-7420	仏教の教えに基づいた報恩感謝の心の教育を基本として、「努力精進」「明朗融和」「感謝奉仕」を三綱領(校訓)として掲げ、自ら学び自ら考え生きる力を身につけた、時代にふさわしい人材の育成を目指す。

（2020年4月1日現在・北から順）

著者略歴

木越　康（きごし やすし）

1963（昭和38）年、米国・カリフォルニア生まれ。大谷大学大学院博士後期課程満期退学後、私学研修福祉会国内研修修了（東京大学）。真宗大谷派擬講。現在、大谷大学学長。金沢教区光専寺衆徒。専門は真宗学。著書に『『後世物語聞書』聴記』、『キリシタンが見た真宗』（共著）（以上、東本願寺出版）、『ボランティアは親鸞の教えに反するのか―他力理解の相克―』、『仏教とキリスト教の対話』Ⅰ～Ⅲ（共著）（以上、法藏館）、『揺れ動く死と生―宗教と合理性のはざまで』（共著・晃洋書房）、『正像末和讃を読む―悲泣にはじまる仏道―』（真宗大谷派大阪教区）など。

仏教《ぶっきょう》と人間教育《にんげんきょういく》 そして真宗《しんしゅう》

真宗教育シリーズ 7

2021（令和3）年2月1日　第1刷発行

著　者　木越　康

発行者　但馬　弘

編集発行　東本願寺出版（真宗大谷派宗務所出版部）

〒600-8505　京都市下京区烏丸通七条上る

TEL 075-371-9189（販売）

075-371-5099（編集）

FAX 075-371-9211

印刷・製本　㈲寶印刷工業所

デザイン　FACTORY

ISBN 978-4-8341-0626-8 C0195

「真宗教育シリーズ」刊行のことば

ともに生きる人間であるために、今わたしたちができること。

「いのちの尊厳性」が見失われつつある現代。だからこそ、一人ひとりの人間において、自他の「いのちの尊さ」に目覚め、生まれた意義と生きる喜びが見出されることが願われてやみません。

真宗大谷派（東本願寺）には、このような願いを宗祖親鸞聖人の教えにたずねながら《学校教育》というかたちで具現化しようと歩んできた歴史があります。そのような建学の精神を一にする学校があい集い、一九六五（昭和四〇）年、「真宗大谷派学校連合会」が結成されました。

この「真宗教育シリーズ」は、当連合会の加盟校において願われ展開されている人間教育のあり方を、同時代に生きるすべての人々と共有することを目的に刊行されることとなりました。

本シリーズをとおして、一人ひとりが人間として生まれた〈かけがえのなさ〉を確かめ、混迷きわまる現代をともに歩んでまいりたいと願っております。そして、有縁の皆様に本シリーズをおすすめいただければ幸いに存じます。

真宗大谷派学校連合会